Impressum
Verlag: BABADADA GmbH, Nedderfeld 112 , 22529 Hamburg
Geschäftsführer / Verlagsleitung: Harald Hof
Druck: Books on Demand GmbH, In de Tarpen 42, 22848 Norderstedt

Imprint
Publisher: BABADADA GmbH, Nedderfeld 112 , 22529 Hamburg, Germany
Managing Director / Publishing direction: Harald Hof
Print: Books on Demand GmbH, In de Tarpen 42, 22848 Norderstedt, Germany

Szkoła

ቤት-ትምህርቲ

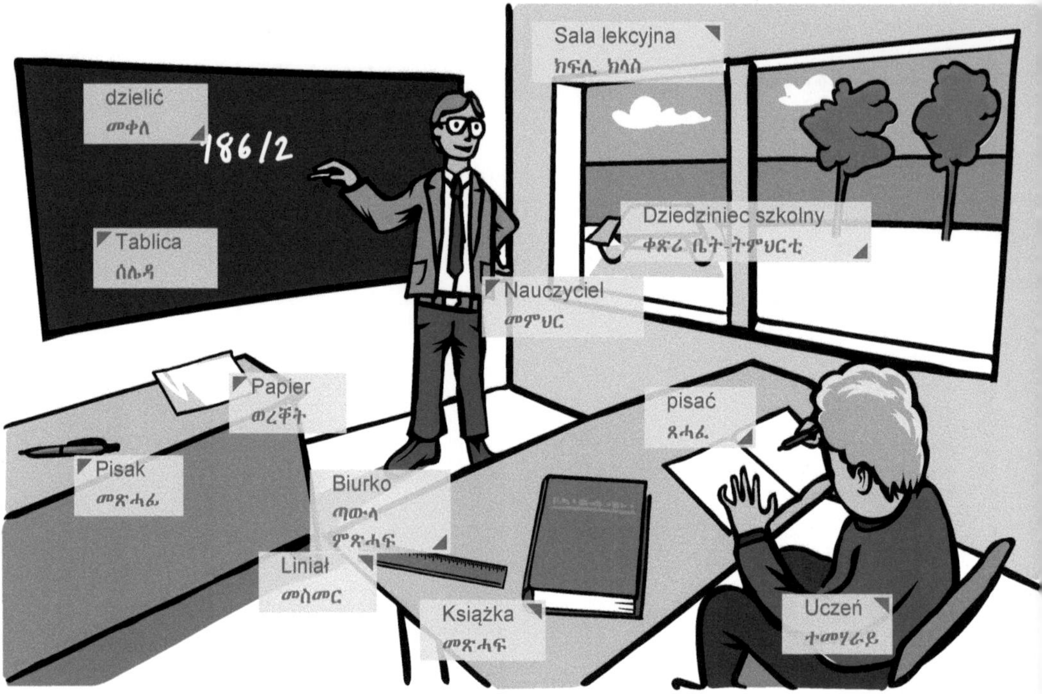
Sala lekcyjna
ክፍሊ ክላስ
dzielić
መቀለ
186/2
Tablica
ሰሌዳ
Dziedziniec szkolny
ቀጽሪ ቤት-ትምህርቲ
Nauczyciel
መምህር
Papier
ወረቐት
pisać
ጸሓፈ
Pisak
መጽሓፊ
Biurko
ጣውላ
ምጽሓፍ
Liniał
መስመር
Książka
መጽሓፍ
Uczeń
ተመሃራይ

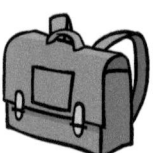

Plecak szkolny

ሳንጣ ትምህርቲ

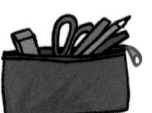

Piórnik

ሰፈር ብርዒ

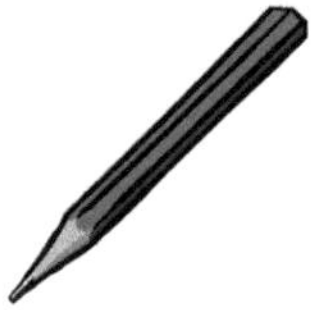

Ołówek

ርሳስ

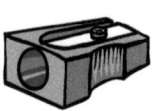

Temperówka

መብልሒ ርሳስ

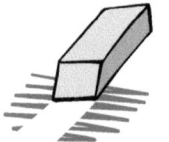

Gumka do mazania

መደምሰሲ

Blok rysunkowy

ጥራዝ ስእሊ

Rysunek

ስእሊ,

Pędzel

ብርሒ, ቀለም

Pudełko z akwarelami

ቦክስ ቀለም

Nożyce

መቐስ

Klej

መጣበቒ

Książka do ćwiczenia

ጥራዝ መላመዲ

Zadanie domowe

ዕዮ ገዛ

12

Liczba

ቁጽሪ

2+2

dodawać

ወሰኽ

5-2

odejmować

ጎደለ

2×2

mnożyć

ረብሓ

liczyć

ደመረ

A

Litera

ፊደል

ABCDEFG HIJKLMN OPQRSTU VWXYZ

Alfabet

ስርዓት ፊደላት

Słowo

ቃል

Tekst

ጽሑፍ

czytać

አንበበ

Kreda

ኩርሽ

Godzina

ሰዓት

Dziennik lekcyjny

መዝገብ ክላስ

Egzamin

መርመራ

Świadectwo

ሰርቲፊከት

Mundurek szkolny

ድቢዛ ቤትትምህርቲ

Wykształcenie

ትምህርቲ

Leksykon

ለክሲኮን

Uniwersytet

ዩኒቨርሲቲ

Mikroskop

ሚክሮስኮፕ

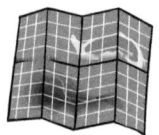

Mapa

ካርታ

Kosz na odpadki

ጎሓፍ ወረቐት

Hotel
መቀበሊ አጋይፀ

Grand

Schronisko
ሆስተል

ROOMS

Kantor wymiany walut
ቦታ ቅያር ገንዘብ

EXCHANGE

Walizka
ባሊጃ

Auto
መኪና

		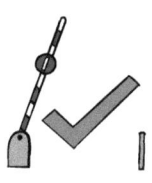
Język	tak / nie	OK
ቋንቋ	እወ / ኖ	ሕራይ

Halo	Tłumacz	Dziękuję
ሰላም	አስተርጓሚ	የቾንየለይ

Ile kosztuje ...?

. . . ክንደይ ዋግኡ?

Nie rozumiem

አይተረደኣኹን

Problem

ሽግር

Dobry wieczór!

ሰላም ምሽት!

Dzień dobry!

ከመይ ሓዲርካ

Dobranoc!

ሰላም ለይቲ

Do widzenia

ደሓን ኩን

Kierunek

አንፈት

Bagaż

ጉዓዝ

Torba

ሳንጣ

Plecak

ሳንጣ ሕቖ

Gość

ጋሻ

Pokój

ክፍሊ

Śpiwór

ከሻ መደቆሲ

Namiot

ቴንዳ

Informacja turystyczna

ሓበሬታ በጻሕቲ ሃገር

Plaża

ገምገም ባሕሪ

Karta kredytowa

ክሬዲት ካርድ

Śniadanie

ቁርሲ

Obiad

ምሳሕ

Kolacja

ድራር

Bilet

ቲከት

Winda

ሊፍት

Znaczek na list

ማሕተም ደብዳበ

Granica

ዶብ

Cło

ድንና

Ambasada

ኤምባሲ

Wiza

ቪዛ

Paszport

ፓስፖርት

Transport
መጓጓዣ

Samolot
ነፋሪት

Statek
መርከብ

Pojazd straży pożarnej
መኪና መጥፍኢ ሓዊ

Autobus
አውቶቡስ

Samochód ciężarowy
ናይ ጽዕነት መኪና

Łódź motorowa
ጃልባ ሞቶር

Rower
ብሽግለታ

Auto
መኪና

Prom

ፌሪ

Łódź

ጃልባ

Motocykl

ሞቶ

Radiowóz policyjny

መኪና ፖሊስ

Samochód wyścigowy

መኪና ቅድድም

Samochód wypożyczony

ክራይ መኪና

Wspólne przejazdy
samochodem
ምውፋይ መካይን

Samochód pomocy
drogowej
መወስዱ መኪና

Śmieciarka
መኪና ጎሓፍ

Silnik
ሞቶር

Benzyna
ነዳዲ

Stacja benzynowa
እንዳ ነዳዲ

Znak drogowy
ምልክት ትራፊክ

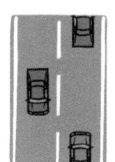

Ruch
ትራፊክ

Korek
ምጭቅጫቅ ትራፊክ

Parking
መዕሸጊ መኪና

Dworzec
መዕረፊ ባቡር

Szyny
ሓዲግ

Pociąg
ባቡር

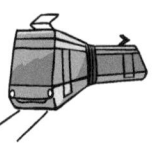

Tramwaj
ትረም

Wagon
ባጎኒ

Helikopter

ሄሊኮፕተር

Lotnisko

መዓረፍ ነፈርቲ

Wieża

ታወር

Pasażer

ተጓዓዚ

Kontener

ኮንተይነር

Karton

ሳንዱቕ ካርቶን

Taczka

ኮርሳ ጽዕነት

Kosz

ዘንቢል

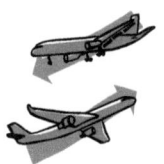

startować / lądować

ተበገሰ / ዓለበ

Miasto

ከተማ

Wieś

ቁሸት

Centrum miasta

ማእከል ከተማ

Dom

ገዛ

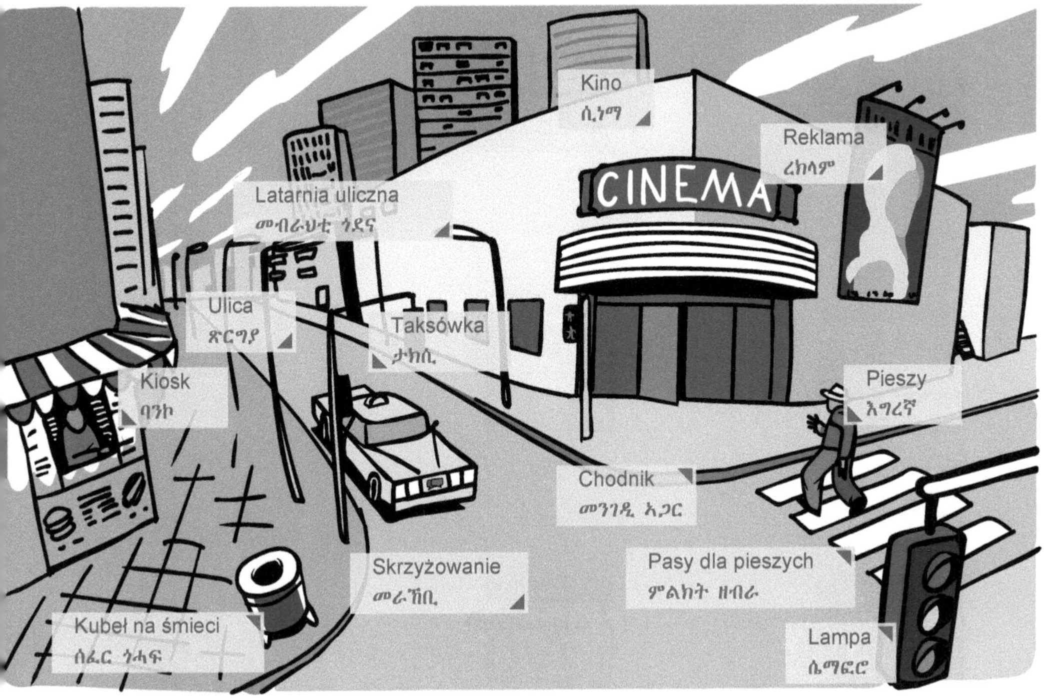

Kino
ሲነማ
Reklama
ረክላም
CINEMA
Latarnia uliczna
መብራህቲ ጎደና
Ulica
ጽርግያ
Taksówka
ታክሲ
Kiosk
ባንኮ
Pieszy
እግረኛ
Chodnik
መንገዲ እጋር
Skrzyżowanie
መራኸቢ
Pasy dla pieszych
ምልክት ዘብራ
Kubeł na śmieci
ሰፈር ጎሓፍ
Lampa
ሴማፎሮ

Chata

ኣጕዶ

Mieszkanie

ኣፓርትመንት

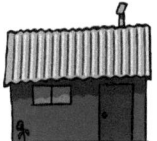

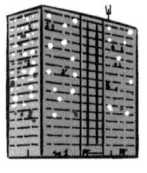

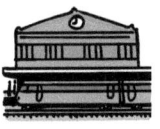

Dworzec

መዕረፊ ባቡር

Ratusz

ቤት ምምሕዳር

MUSEUM

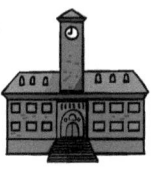

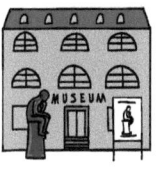

Muzeum

ቤተ መዘክር

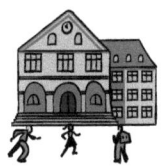

Szkoła

ቤት-ትምህርቲ

Uniwersytet

ዩኒቨርሲቲ

Bank

ባንክ

Szpital

ሆስፒታል

Hotel

መቐበሊ ኣጋይሽ

Apteka

ቤት መድሃኒት

Biuro

ቤት ጽሕፈት

Księgarnia

ዱኳን መጽሓፍቲ

Sklep

ዱኳን

Kwiaciarnia

ዱኳን ዕንባባ

Supermarket

ሱፐርማርክት

Rynek

ዕዳጋ

Dom towarowy

ሹቕ

Sklep z rybami

ነጋዳይ ዓሳ

Centrum handlowe

ሹቕ

Port

መርሳ

Park

መዝናኛ.

Ławka

ባንኪ.

Most

ድልድል

Schody

መደያይቦ

Metro

ባቡር ትሕቲ ምድሪ

Tunel

ቢንቶ

Przystanek autobusowy

መዕረፊ አውቶቡስ

Bar

ቤት መስተ

Restauracja

ቤት-መግቢ.

Skrzynka na listy

ሰታሪት

Tabliczka z nazwą ulicy

ታቤላ

Parkometr

ሰዓት ፓርኪንግ

Zoo

መካነ እንስሳታት

Łaźnia

መሐምበሲ.

Meczet

መስጊድ

Gospodarstwo chłopskie

ቤት ሕርሻ

Zanieczyszczenie
środowiska

ብክለላ

Cmentarz

መቓብር

Kościół

ቤተክርስትያን

Plac zabaw

ቦታ ምጽዋት

Świątynia

ቤት መቕደስ

Krajobraz

ስእሊ መሬት

Liść
ኣቑጽልቲ

Drogowskaz
መሕበሪ መንገዲ

Droga
መንገዲ

Łąka
ሜዳ

Kamień
እምኒ

Wędrowiec
ኮብላሊ

Drzewo
ኣግራብ

Rzeka
ፈለግ

Trawa
ሳዕሪ

Kwiat
ዕንባባ

Dolina

ስንጭሮ

Góra

ጎቦ

Jezioro

ቀላይ

Las

ዱር

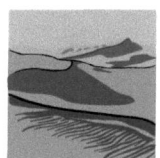

Pustynia

ምድረ በዳ

Wulkan

እሳተ-ጎመራ

Zamek

ግምቢ

Tęcza

ቀስተ-ደመና

Grzyb

ቃንጥሻ

Palma

ዓርኮብኮባይ

Komar

ጣንጡ

Mucha

ዝመጣ

Mrówka

ጻጻ

Pszczoła

ንህቢ

Pająk

ሳሬት

Chrząszcz

ሕንዚዝ

Żaba

ዕንቅርያብ

Wiewiórka

ም፰ጹላይ

Jeż

ቅንፍዝ

Zając

ማንቲለ

Sowa

ጉንጓ

Ptak

ጭሩ

Łabędź

ስዋን

Dzik

መፍለስ

Jeleń

ዓጋዘን

Łoś

ሙስ

Tama

ግድብ

Wiatrak

ተርባይን ንፋስ

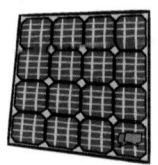

Moduł solarny

ሶላር ስርሓት

Klimat

ኩነታት አየር

Kelner
አሰላፊ

Menu
ካርታ
መግብታት

Krzesło
መንበር

Zupa
መረቕ

Pizza
ፒትሳ

Obrus
ክዳን ጣውላ

Sztućce
መመታተሪ

Przystawka
ቅድም ቀንዲ መግቢ

Danie główne
ቀንዲ መኣዲ

Deser
ድሕሪ መግቢ

Napoje
መስተ

Jedzenie
መግቢ

Butelka
ጥርሙዝ

Fastfood

ስሉጥ መግቢ

Streetfood

መግቢ ጽርግያ

Dzbanek na herbatę

ብርጭቆ ሻሂ

Cukierniczka

ታኒካ ሽኮር

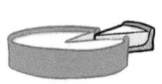

Porcja

ክፋል

Zaparzarka do espresso

ማሺን ኤስፕረሶ

Krzesło dla dziecka

ነዊሕ መንበር

Rachunek

ጸብጻብ

Taca

ታብለት

Noż

ካራ

Widelec

ፉርከታ

Łyżka

ማንካ

Łyżeczka

ማንካ ሻሂ

Serwetka

ሰርቪየተ

Szklanka

ብኬሪ

Talerz

ሸሓኒ

Talerz do zupy

ሸሓኒ መረቕ

Podstawek pod filiżankę

ትሕቲ ኩባያ

Sos

ጸብሒ

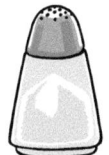

Solniczka

ወሃቢ ጨው

Młynek do pieprzu

መጥሓን በርበረ

Ocet

አቾቶ

Olej

ዘይቲ

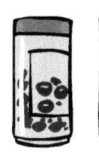

Przyprawy

ቀመም

Keczup

ከቹፕ

Musztarda

አድሪ

Majonez

ማዮነዝ

Supermarket

ሱፐርማርክት

Oferta
ወፊያ
FOR
Klient
ዓሚል
Produkty mleczne
ፍርያታት ጸባ
Owoce
ፍረታት
Wózek sklepowy
ሰረገላ ዱኳን

BUTCHERS

Rzeźnia

እንዳ ስጋ

BAKERY

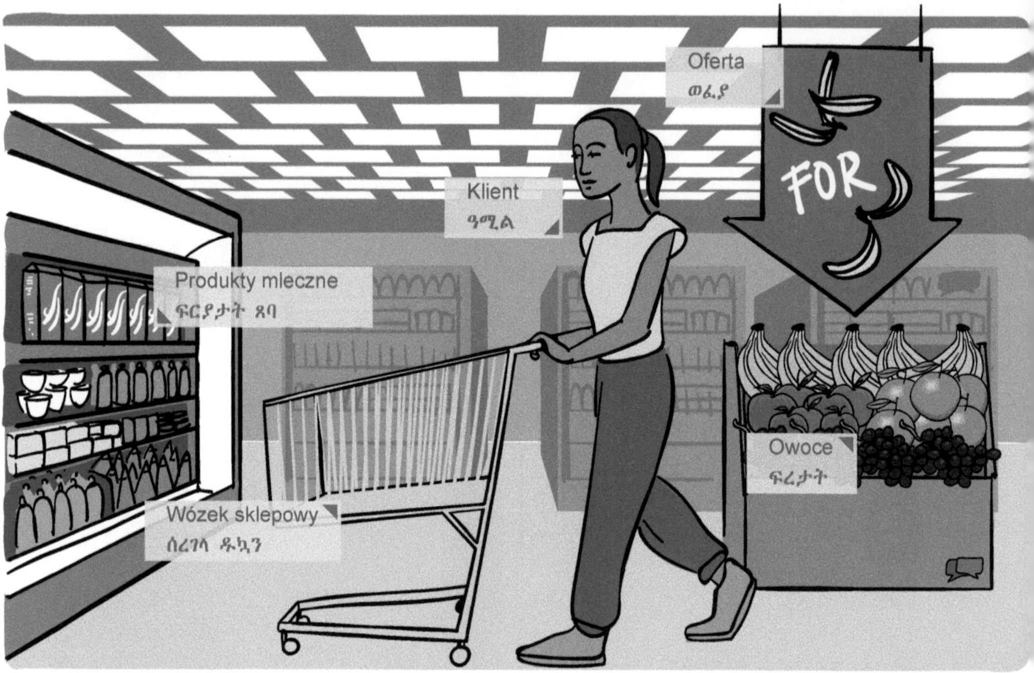

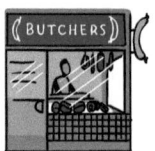

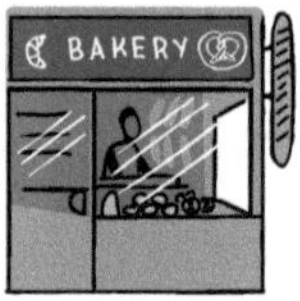

Piekarnia

እንዳ ባኒ

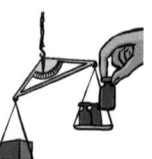

ważyć

ክብደት

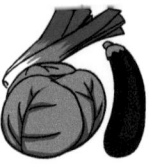

Warzywa

ኣሕምልቲ

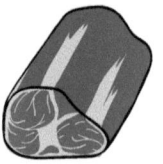

Mięso

ስጋ

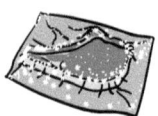

Mrożonki

መግቢ ፍሪጅ በረድ

Wędliny

ዝሑል ቅሩብ መግቢ.

Konserwy

እስታጥላ

Proszek m do prania

አሞ

Słodycze

ምቁር መግቢ.

Artykuły użytku domowego

ዘቤታውያን አቕሑ

Środek czyszczący

ናውቲ መጸረዪ.

Sprzedawczyni

ሸቃጣይ

Kasa

ካሳ

Kasjer

ተሓዚ ገንዘብ

Lista zakupów

ዝርዝር ምግዛእ

Godziny otwarcia

ክፉት ሰዓታት

Portfel

ማሕፉዳ

Karta kredytowa

ክረዲት ካርድ

Torba

ሳንጣ

Torebka plastikowa

ፌስታል

Woda

ማይ

Sok

ጁማቾኈ

Mleko

ጸባ

Cola

ኮላ

Wino

ነቢት

Piwo

ቢራ

Alkohol

አልኮል

Kakao

ካካው

Herbata

ሻሂ

Kawa

ቡን

Espresso

ኤስፕሬሶ

Cappuccino

ካፑቺኖ

Banan

ባናና

Jabłko

ቱፋሕ

Pomarańcza

አራንሺ

Arbuz

ብርጭቆ

Cytryna

ለሚን

Marchew

ካሮት

Czosnek

ጸዕዳ ሽጉርቲ

Bambus

ባምቡስ

Cebula

ሽጉርቲ

Grzyb

ቅንጥሻ

Orzechy

ፉል

Makaron

ፓስታ

Spaghetti

ስፓጌቲ

Ryż

ሩዝ

Sałatka

ሰላጣ

Frytki

ቅልዋ ድንሽ

Ziemniaki pieczone

ቅሉው ድንሽ

Pizza

ፒትሳ

Hamburger

ሃምቡርገር

Kanapka

ፓኒኖ

Sznycel

ቢስተካ

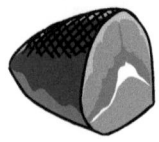

Szynka

ሰለፍ ሓሰማ

Salami

ሳላሚ

Kiełbasa

ግዕዝም

Kura

ደርሆ

Pieczeń

ቀለወ

Ryba

ዓሳ

Płatki owsiane

ገዓት

Musli

ሙስሊ.

Płatki kukurydziane

ኮርንፍለይክስ

Mąka

ሓርጭ

Croissant

ክሮሶን

Bułka

ባኒ

Chleb

ባኒ

Toast

ቶስት

Ciastka

ብሽኮቲ

Masło

ጠስሚ

Twarożek

ርግኦ

Ciasto

ፓስተ

Jajko

እንቋቍሖ

Jajko sadzone

ቅሉው እንቋቍሖ

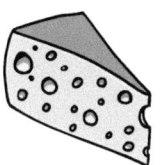

Ser

ፋርማጆ

Lody

አይስ ክሪም

Cukier

ሽኮር

Miód

መዓር

Marmolada

ጃም

Krem nugatowy

ኑጋት-ክረም

Curry

ኩሪ

Gospodarstwo chłopskie

ቤት ሕርሻ

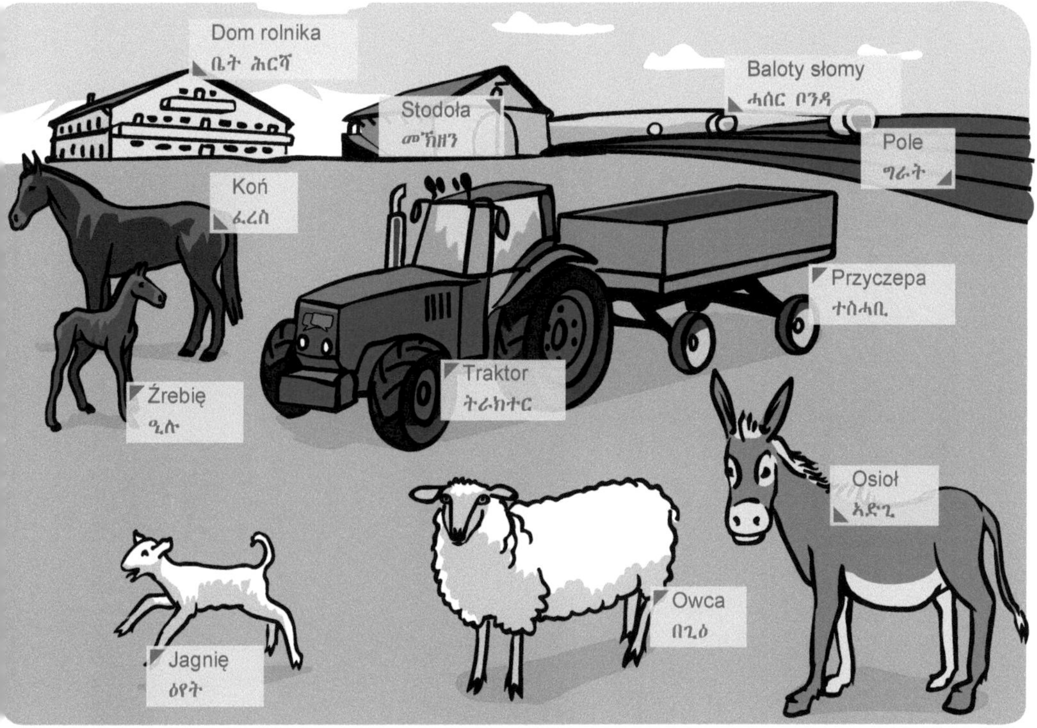

Dom rolnika
ቤት ሕርሻ
Stodoła
መኽዘን
Baloty słomy
ሓሰር ቦንዳ
Pole
ግራት
Koń
ፈረስ
Przyczepa
ተስሓቢ
Traktor
ትራክተር
Źrebię
ዒሉ
Osioł
እድጊ
Owca
በጊዕ
Jagnię
ዕየት

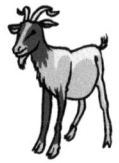

Koza

ጤል

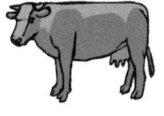

Krowa

ብዕራይ

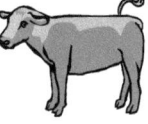

Cielę

ምራኽ

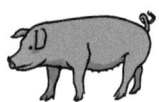

Świnia

ሓሰማ

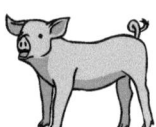

Prosię

ውላድ ሓሰማ

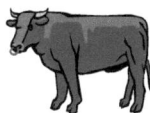

Byk

ኣርሓ

Gęś

ዓሳ

Kaczka

ማይ ደርሆ

Kurczątko

ጫቑሊት

Kura

ደርሆ

Kogut

አርሓ ደርሆ

Szczur

አንጨዋ ዓባይ

Kot

ድሙ

Mysz

አንጭዋ

Osioł

ብዕራይ

Pies

ከልቢ

Buda dla psa

አጐዶ ከልቢ

Wąż ogrodowy

ቱባ ጀርዲን

Konewka

መዝፈሪ ማይ

Kosa

ዓቢ ማዕጺድ

Pług

ማሕረሻ

Sierp

ማዕጺድ

Graca

ጭጓሮ

Widły

መስአ

Siekiera

ፋስ

Taczka

ዓረብያ ኢድ

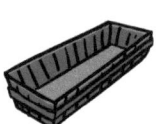

Koryto

ጋብላ

Kanka na mleko

ብርጭቆ ጸባ

Worek

ከሻ

Płot

ሓጹር

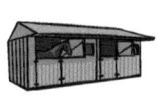

Stajnia

መንሰስ

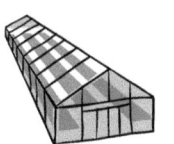

Szklarnia

ቆጠልያ ገዛ

Ziemia

ባይታ

Nasiona

ዘርኢ

Nawóz

ድኹዒ

Kombajn zbożowy

ዘጣምር ቀውዓይ

zbierać

ቀውዐ

Żniwa

ጻማ

Podchrzyn

ድንሽ ያም

Pszenica

ስርናይ

Soja

ሶያ

Ziemniak

ድንሽ

Kukurydza

ዕፉን

Rzepak

ራፕስ

Drzewo owocowe

ገረብ ፍረታት

Maniok

ማኒኦክ

Zboże

አእኻል

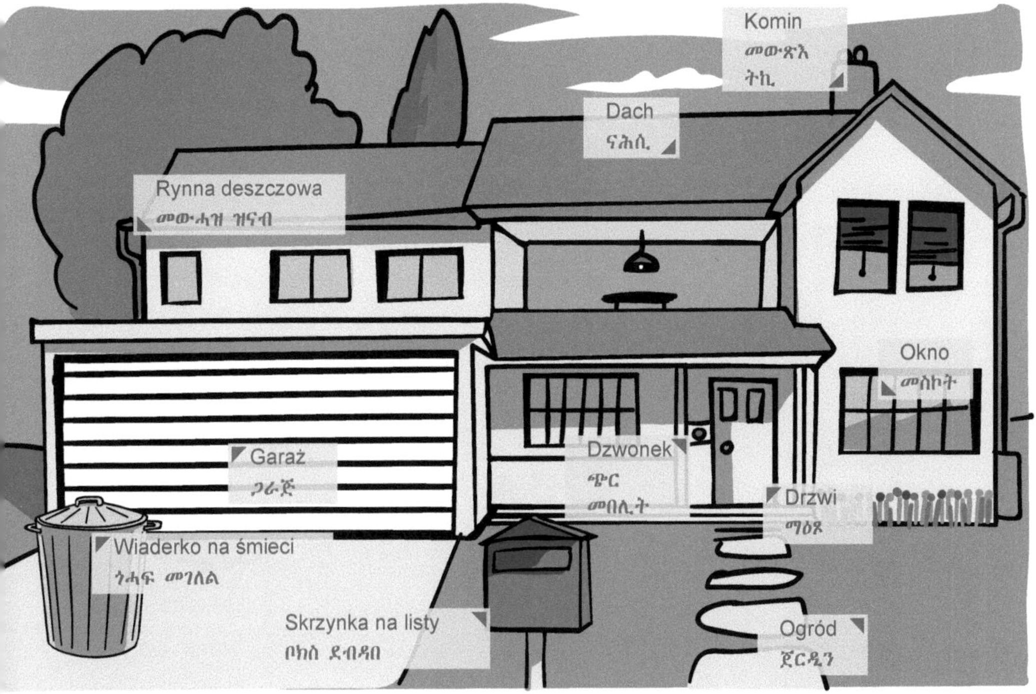

Komin
መውጽእ ትኪ

Dach
ናሕሲ

Rynna deszczowa
መውሓዝ ዝናብ

Okno
መስኮት

Garaż
ጋራጅ

Dzwonek
ጭር መበሊት

Drzwi
ማዕጾ

Wiaderko na śmieci
ጎሓፍ መገለል

Skrzynka na listy
ቦክስ ደብዳበ

Ogród
ጆርዲን

Pokój dzienny

ክፍሊ ምቅማጥ

Łazienka

ክፍሊ ባንዮ

Kuchnia

ክሽን

Sypialnia

ክፍሊ መደቀሲ

Pokój dziecięcy

ክፍሊ ቆልዑ

Jadalnia

መመገቢ ክፍሊ

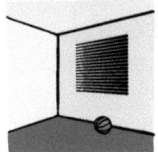

Ziemia

ባይታ

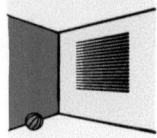

Ściana

መንደቅ

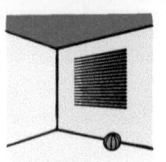

Koc

ከቦታ

Piwnica

ካንቲና

Sauna

ሳውና

Balkon

ባልኮን

Taras

ዛላ

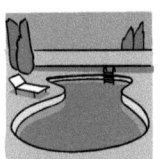

Basen

መሕምበሲ

Kosiarka do trawy

መቝረጺ ሳዕሪ

Poszwa

ኣንሶላ ዓራት

Kołdra

ከቦርታ ዓራት

Łóżko

ዓራት

Miotła

መኾስተር

Wiadro

መገለል

Włącznik

መወልዒት

Pokój dzienny
ክፍሊ ምቕማጥ

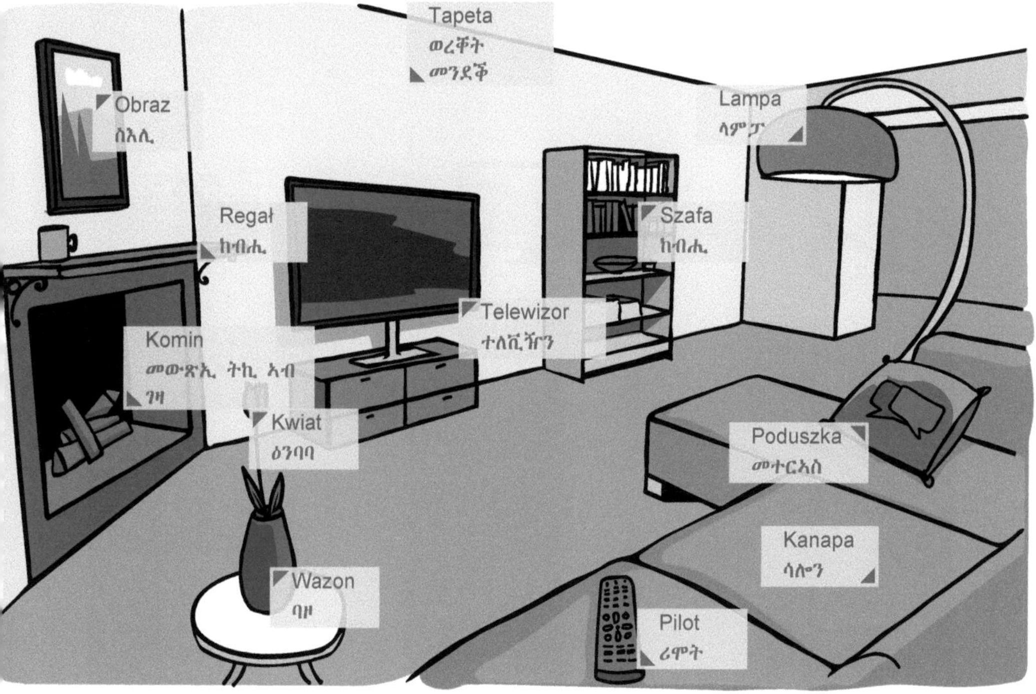

Tapeta
ወረቐት
መንደቕ
Obraz
ስእሊ
Lampa
ላምፓ
Regał
ኩብሒ
Szafa
ኩብሒ
Telewizor
ተለቪዥን
Komin
መውጽኢ ትኪ ኣብ
ገዛ
Kwiat
ዕንባባ
Poduszka
መተርኣስ
Kanapa
ሳሎን
Wazon
ባዞ
Pilot
ሪሞት

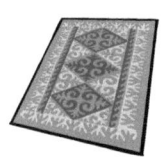

Dywan

መንጸፍ

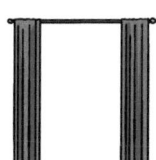

Zasłona

መጋረጃ

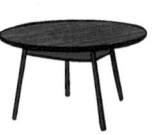

Stół

ጣውላ

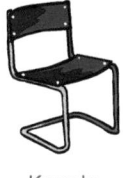

Krzesło

መንበር

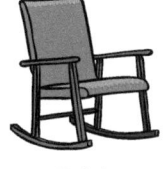

Bujak

ሰለል ዝብል መንበር

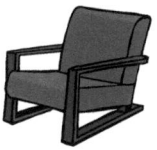

Fotel

መንበር ምቹእ

Książka

መጽሐፍ

Sufit

ከበርታ

Dekoracja

ስልማት

Drewno kominkowe

እንጨይቲ ሓዊ

Film

ፊልም

Instalacja stereo

ስተረዮ

Klucz

መፍትሕ

Gazeta

ጋዜጣ

Malunek

ቅብኣ

Plakat

ፖስተር

Radio

ረድዮ

Notatnik

ጥራዝ

Odkurzacz

መልገሲ ደርና

Kaktus

በለስ

Świeczka

ሽምዓ

Kuchnia
ክሽነ

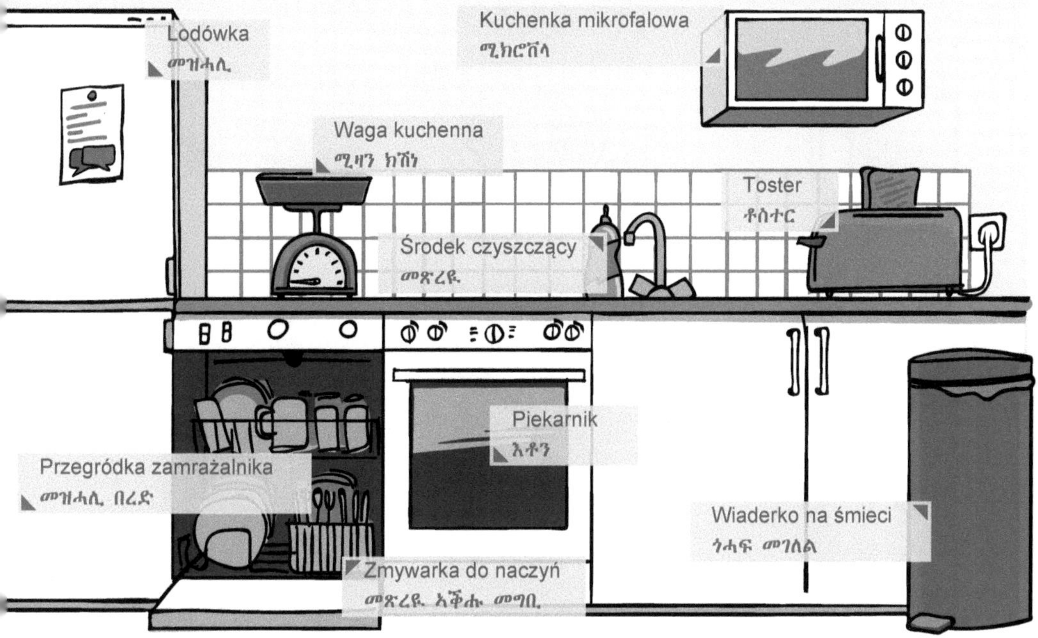
Lodówka
መዝሓሊ
Kuchenka mikrofalowa
ሚክሮሸላ
Waga kuchenna
ሚዛን ክሽነ
Toster
ቶስተር
Środek czyszczący
መጽረዪ
Piekarnik
እቶን
Przegródka zamrażalnika
መዝሓሊ በረድ
Wiaderko na śmieci
ጎሓፍ መገለል
Zmywarka do naczyń
መጽረዪ ኣቕሑ መግቢ

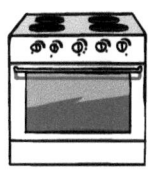

Kuchenka
....
መኽሸኒ

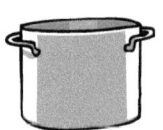

Garnek
....
ድስቲ

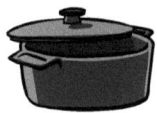

Kocioł żeliwny
....
ድስቲ ሓጺን

Wok / Kadai
....
ቮክ/ካዳይ

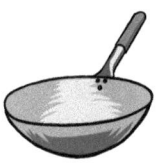

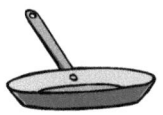

Patelnia
....
ባደላ

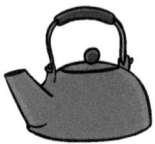

Czajnik
....
መውዓዪ ማይ

Parowar

መፍልሒ

Blacha do pieczenia

ጎንቴራ ምስንካት

Naczynia kuchenne

አቕሑ መግቢ

Kubek

ብርጭቆ

Miska

ጭሓሎ

Pałeczki

ማንካቺና

Nabierka

ማንካ መረቕ

Łopatka do smażenia

መገልበጢ ባደላ

Trzepaczka do śmietany

መኸስተር ውርጪ

Cedzak

መንፊት መግቢ

Sitko

መንፊት

Tarka

መፋሕፍሒ

Moździerz

ሞርታር

Grillowanie

ባርቢክዩ

Palenisko

ስፍራ ሓዊ

Deska

እንጨይቲ ምምታር

Wałek do ciasta

እንጨይቲ ኩረር

Korkociąg

መኽፈት ቡሽ

Puszka

ታኒካ

Otwieracz do puszek

መኽፈቲ ታኒካ

Ściereczka do trzymania garnka

ጨርቂ ድስቲ

Umywalka

ቡምባ

Szczotka

ኣስባስላ

Gąbka

ሰፍነግ

Mikser

ሓዋሲ ኣደባላቒ

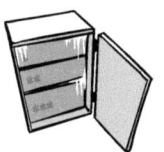

Zamrażarka

መዝሓሊ በረድ

Butelka dla niemowlęcia

ጥርሙዝ ማማይ

Kran

ቡምባ ማይ

Ogrzewanie
መውዓዪ

Prysznic
መሕጸቢ ሻወር

Ręcznik
ሽጎማና

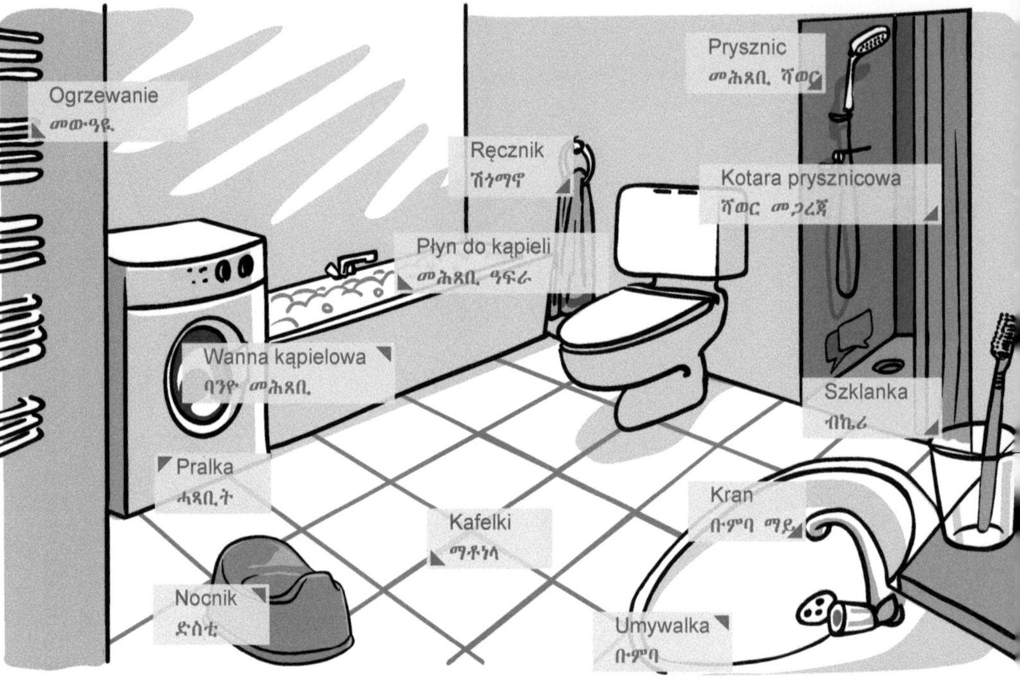

Kotara prysznicowa
ሻወር መጋረጃ

Płyn do kąpieli
መሕጸቢ ዓፍራ

Wanna kąpielowa
ባንዮ መሕጸቢ

Szklanka
ብኬሪ

Pralka
ሓጸቢት

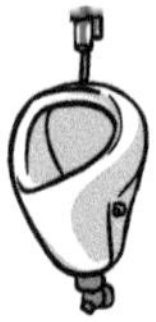

Kafelki
ማቶነላ

Kran
ቡምባ ማይ

Nocnik
ድስቲ

Umywalka
ቡምባ

Toaleta	Toaleta kuczna	Bidet
ሽቓቕ	ሽቓቕ ኮፍ	በዱ
Pisuar	Papier toaletowy	Szczotka toaletowa
ሽቓቕ ተባዕታይ	ወረቐት ሽቓቕ	አስባስላ ሽቓቕ

Szczoteczka do zębów

ኣስባስላ ስኒ

Pasta do zębów

ክሬም ስኒ

Nitki do czyszczenia zębów

ሃሪ ስኒ

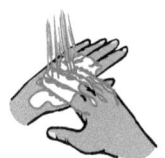

myć

ሓጸበ

Głowica prysznicowa

ዱሽ ኢድ

Płyn kąpielowy do higieny intymnej

ዱሽ

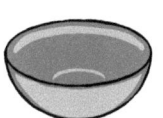

Miska do mycia

ብርጭቆ ምሕጸብ

Szczotka kąpielowa

ኣስባስላ ሕጽ

Mydło

ሳምና

Żel prysznicowy

ሻወር ጀል

Szampon

ሻምፑ

Rękawica kąpielowa

ጨርቂ መሕጸቢ

Odpływ

መውሓዚ

Krem

ክሬም

Dezodorant

ደዮ ጨና

Lustro

መስትያት

Lustro kosmetyczne

ናይ ኢድ መስትያት

Golarka

መላጸ

Pianka do golenia

ዓፍራ ምልጻይ

Woda po goleniu

ጨና ድሕሪ ምልጻይ

Grzebień

መመሸጥ

Szczotka

አሰባስላ

Suszarka do włosów

መንቆጺ ጸጉር

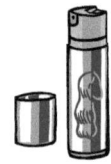

Spray do włosów

ስፕረይ ጸጉር

Makijaż

መመላኸዒ

Pomadka

ብርኒ ቀለም ከንፈር

Lakier do paznokci

አዝማልቶ

Wata

ጸምሪ ጡጥ

Nożyczki do paznokci

መስደዲ ጽፍሪ

Perfum

ጨና

Kosmetyczka

ሳንጣ መሕጸቢ

Taboret

ድኳ

Waga

ሚዛን

Szlafrok kąpielowy

ክዳን መሕጸቢ

Rękawice gumowe

ጓንቲ መጸረዪ

Tampon

ታምፓን

Podpaska damska

ጨርቂ ሰበይቲ

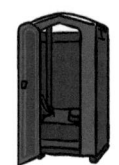

Toaleta chemiczna

ሽቓቕ ከሚስትሪ

Pokój dziecięcy

ክፍሊ ቆልዑ

Budzik
ኣላርም
መተስኢ
Pluszowa przytulanka
መጻወቲ እንስሳ
Samochodzik
መጻወቲ መኪና
Grzechotka
ኳሕኳሕ መበሊ
Domek dla lalek
ቤት ባምቡላ
Prezent
ህያብ

Balon

ባላንችና

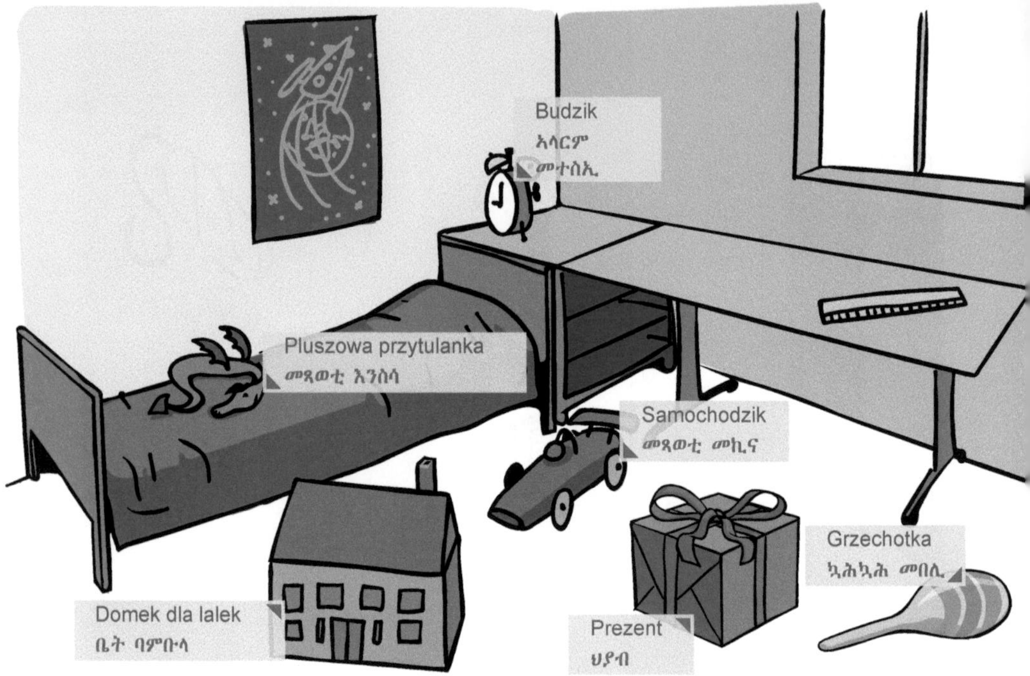

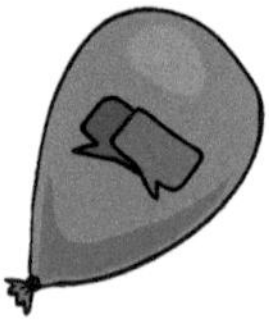

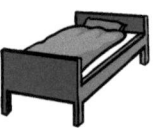

Łóżko

ዓራት

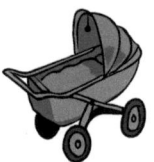

Wózek dziecięcy

ሰረገላ ህጻን

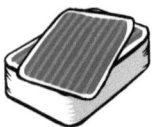

Gra w karty

ጸወታ ካርታ

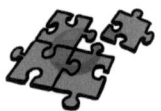

Puzzle

ሕንቅሊተይ

Komiks

ኮሜዲ

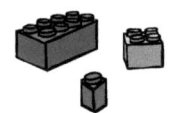

Klocki lego

እምንታት መጻወቲ ለጎ

Klocki

መጻወቲ እምንታት

Action figura

በዓል አክቶን

Śpioszek dziecięcy

ክዳን ማማይ

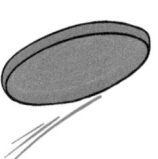

Frisbee

ፍሪስቢ

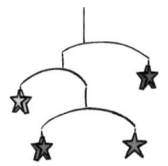

Zabawki ruchome

ሞባይል ማማይ

Gra planszowa

ጸወታ ሰሌዳ

Kości

ኩቦ

Kolejka elektryczna

ሞደል ባቡር ምድሪ

Smoczek

ዓባስ

Przyjęcie

ፓርቲ

Książka z ilustracjami

መጽሓፍ ስእሊ

Piłka

ኩዕሶ

Lalka

ባምቡላ

bawić się

ተጻወተ

Piaskownica

መጻወቲ ሑጻ

Huśtawka

ሰላል

Zabawki

መጻወቲታት

Konsola do gier

ኮንሶል ቪድዮ

Rowerek trójkołowy

መጻወቲ ሰለስተ መንኮርኮር

Pluszowy miś

ተዲ

Szafa ubraniowa

ከብሒ ክዳን

Ubiór

ክዳን

Skarpety

ካልስታት

Pończochy

ነዊሕ ካልስታት

Rajstopy

ስረ ካልሲ

Szal
ሻርባ

Pasek
ቁልፈ

Parasol
ጽላል

T-Shirt
ማልያ

Obuwie sportowe
ስኒከርስ

Kozaki
ረፋዕ

Pantofle domowe
ጫማ ገዛ

Sandały
ሽበጥ

Buty
ጫማ

Kalosze
ረፋዕ ጎማ

Majtki
ሙታንታ

Biustonosz
ክዳን ጡብ

Podkoszulek
ትሕተ ካሚቻ

Ubiór - ክዳን

Body

ቦዲ

Spodnie

ስረ

Dżins

ጄንስ

Spódnica

ቀምሽ

Bluzka

ካምቻ

Koszula

ካሚቻ

Pulower

ጉልፍ

Bluza sportowa

ነፌ

Marynarka

ጃኬት

Kurtka

ጃከት

Płaszcz

ጆባ

Płaszcz przeciwdeszczowy

ክዳን ዝናብ

Kostium

ኮስቱም

Sukienka

ቀምሽ

Suknia ślubna

ቀምሽ መርዓ

Garnitur męski

ልብሲ.

Koszula nocna

ካሚቻ ለይቲ

Piżama

ክዳን ለይቲ

Sari

ሳሪ

Chusta na głowę

መሃረብ ርእሲ.

Turban

ቱርባን

Burka

ቡርካ

Kaftan

ካፍታን

Abaya

አባያ

Strój kąpielowy

ክዳን መሕምበሲ.

Kąpielówki

ስረ መሕምበሲ.

Krótkie spodnie

ሓጺር ስረ

Dres sportowy

ክዳን ታዕሊም

Fartuch

በጃ ክዳን

Rękawiczki

ጓንቲ

Guzik

መልጎም

Okulary

መነጽር

Bransoletka

በንናጅር

Łańcuszek

ማዕተብ

Pierścionek

ቀለበት

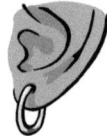

Kolczyk

ኩትሻ

Czapka

ቆብዕ

Wieszak

መንበሪ ጁባ

Kapelusz

ባርኔጣ

Krawat

ካራሻት

Zamek błyskawiczny

ሻርኔጣ

Kask

ሀልመት

Szelki

መድልደል ስረ

Mundurek szkolny

ድቢዛ ቤትትምህርቲ

Mundur

ድቢዛ

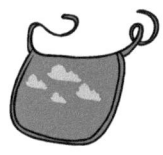

Śliniaczek

ሰደርያ ቆልዓ

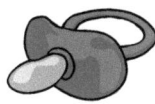

Smoczek

ዓባስ

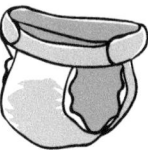

Pieluszka

ጨርቂ ማማይ

Biuro

ቤት ጽሕፈት

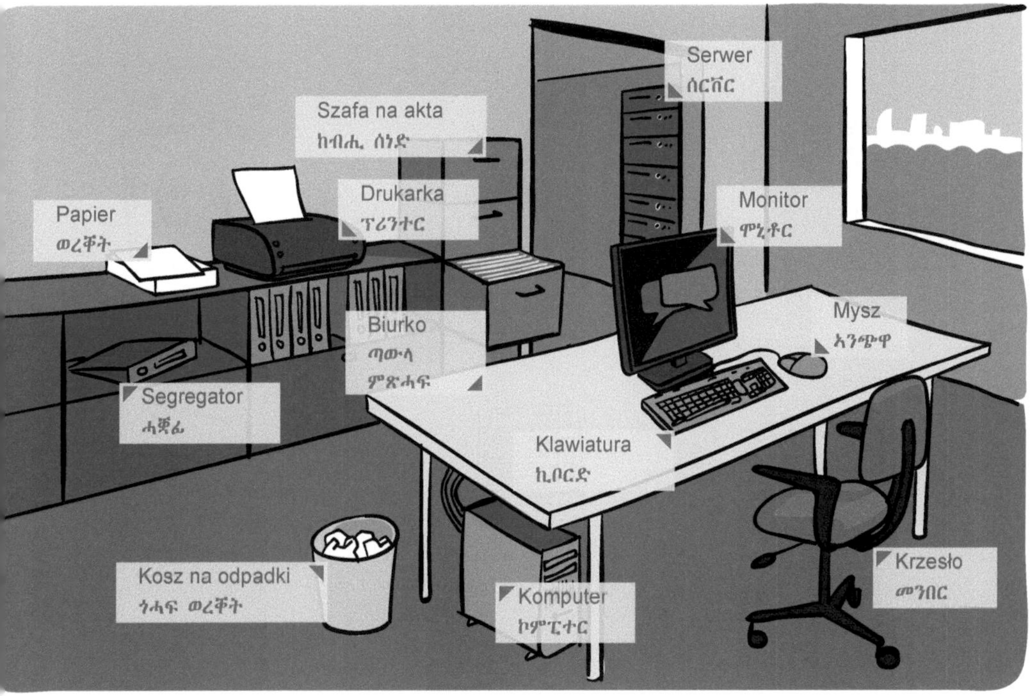
Serwer
ሰርቨር
Szafa na akta
ከብሒ ሰነድ
Drukarka
ፕሪንተር
Papier
ወረቐት
Monitor
ሞኒቶር
Mysz
ኣንጭዋ
Biurko
ጣውላ ምጽሓፍ
Segregator
ሓጃፊ
Klawiatura
ኪቦርድ
Kosz na odpadki
ጎሓፍ ወረቐት
Komputer
ኮምፒተር
Krzesło
መንበር

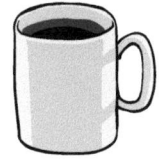

Filiżanka do kawy

ብርጭቆ ቡን

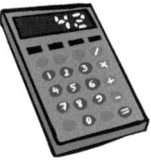

Kalkulator

ካልኩለተር

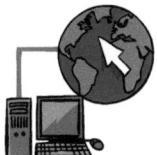

Internet

ኢንተርነት

Laptop

ላፕቶፕ

List

ደብዳበ

Wiadomość

መልእኽቲ

Komórka

ሞባይል

Sieć

ነትወርክ/መርበብ

Kopiarka

መቅድሒ ፎቶኮፒ

Oprogramowanie

ሶፍትዌር

Telefon

ተለፎን

Gniazdko

ሶከት ኣረንቲ

Faks

ፋክስ

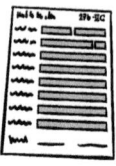

Formularz

ፎርም

Dokument

ሰነድ

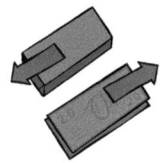

kupić

ገዛአ

płacić

ከፈለ

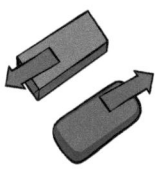

postępować

ንግዴ

Pieniądze

ገንዘብ

Dolar

ዶላር

Euro

አይሮ

Jen

የን

Rubel

ሩብል

Frank

ስዊዝ ፍራንከን

Juan Renminbi

ረንሚንቢ ዮዋን

Rupia

ሩፐየ

Bankomat

መውጽኢ ማሺን ገንዘብ

Kantor wymiany walut

በታ ቅያር ገንዘብ

Złoto

ወርቂ

Srebro

ብሩር

Olej

ዘይቲ

Energia

ሓይሊ

Cena

ዋጋ

Umowa

ውዕል

Podatek

ቀረጽ

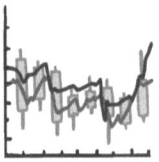

Akcja

እኩብ ጥሪ-ነገራት

pracować

ሰርሐ

Pracownik umysłowy

ሰራሕተኛ

Pracodawca

አስራሒ

Fabryka

ትካል

Sklep

ዱኳን

Zawody

ሞያታት

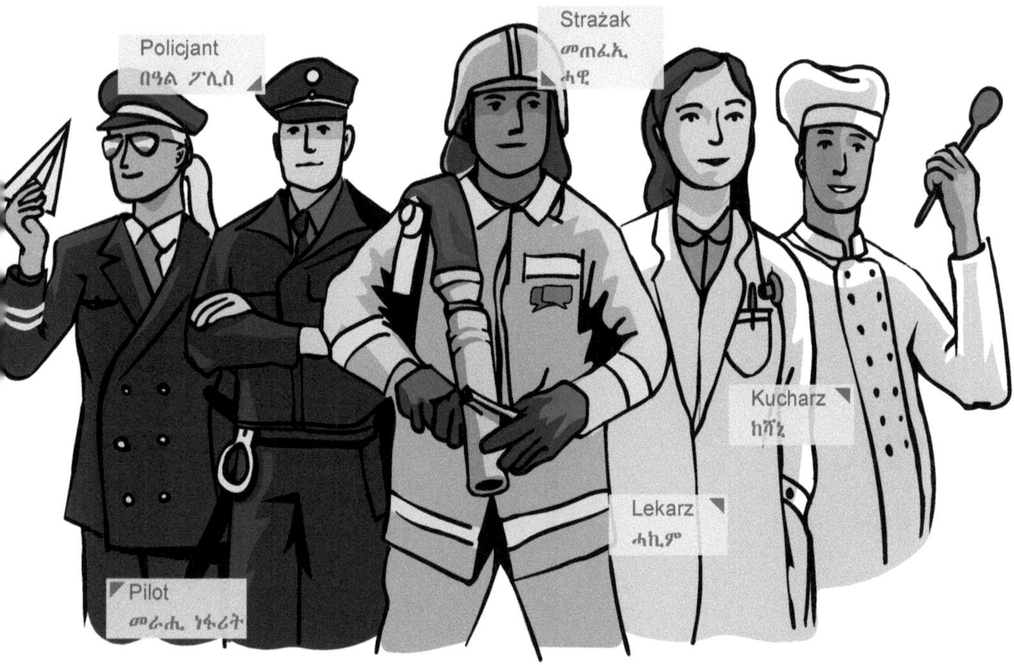

Policjant
በዓል ፖሊስ
Strażak
መጠፈኢ ሓዊ
Kucharz
ከሻኒ
Lekarz
ሓኪም
Pilot
መራሒ ነፋሪት

Ogrodnik

ሰራሕተኛ ጀርዲን

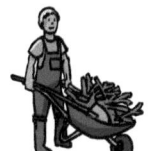

Stolarz

ጸራቢ ዕንጸይቲ

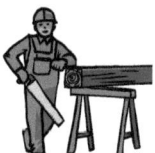

Krawcowa

ሰፋይት

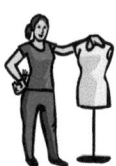

Sędzia

ፈራዳይ

Chemik

ቀማሚ

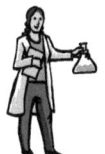

Aktor

ተዋሳኢ

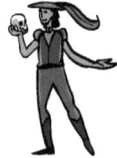

Kierowca autobusu

መራሒ አዉቶቡስ

Taksówkarz

አዉቲስታ ታክሲ

Fischer

ገፋፊ ዓሳ

Sprzątaczka

ጸራጊት

Dekarz

ሃናጻይ ናሕሲ

Kelner

አሰላፊ

Myśliwy

ሃዳናይ

Malarz

ሰአላይ

Piekarz

እንዳ ሕብስቲ

Elektryk

ኤለትሪከኛ

Robotnik budowlany

ሃናጺ አባይቲ

Inżynier

ሃንዳሲ

Rzeźnik

ሰራሕተኛ እንዳ ስጋ

Instalator

ድራብሊኮ

Listonosz

አማላላሲ ፖስጣ

Żołnierz

ወተሃደር

Architekt

መሃንድስ

Kasjer

ተሓዛ ገንዘብ

Florysta

ሰራሕተኛ ዕምባባ

Fryzjer

ቀም ቃማይ

Konduktor

ፈተሪኖ

Mechanik

መካኒክ

Kapitan

መራሒ መርከብ

Dentysta

ሓኪም ስኒ

Naukowiec

ተመራማሪ

Rabin

ራቢ

Imam

ኢማም

Mnich

ፈላሲ

Proboszcz

ቀሺ

Narzędzia

ናውቲ

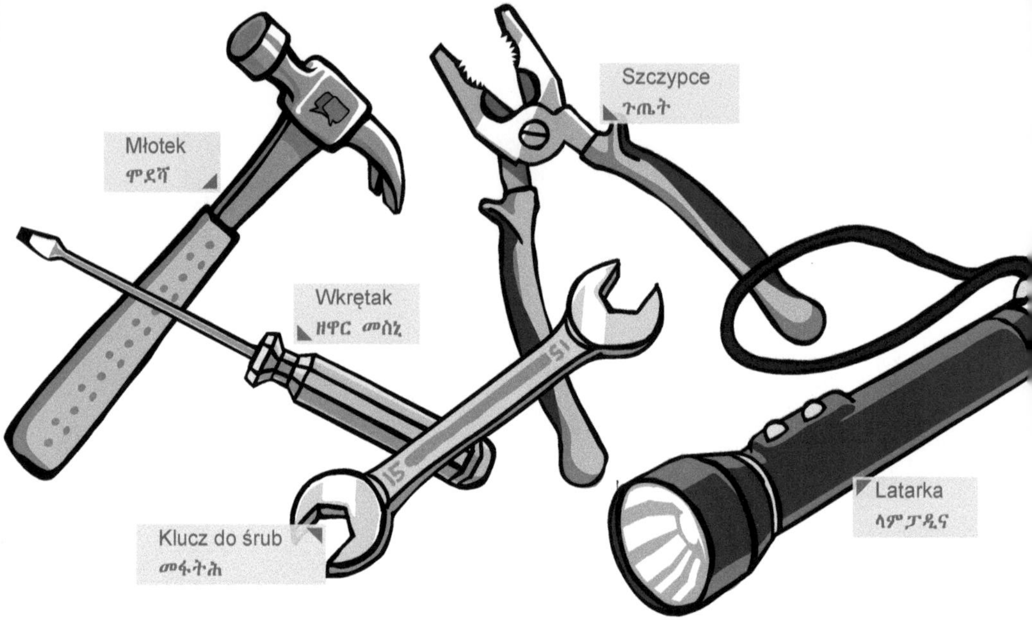
Szczypce
ጉጤት
Młotek
ሞደሻ
Wkrętak
ዘዋር መስኒ
Latarka
ላምፓዲና
Klucz do śrub
መፋትሕ

Koparka

ፈሓሪ

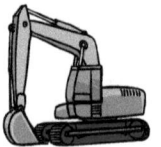

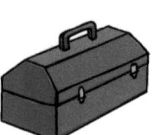

Skrzynka narzędziowa

ናውቲ ቦክስ

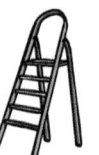

Drabina

መደያይቦ

Piła

መጋዝ

Gwoździe

መስማር

Wiertło

ኰዓቲ

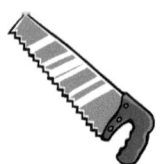

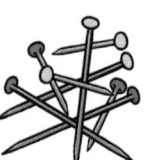

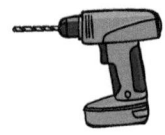

naprawić

ምዕራይ

Łopatka

ባደላ

Cholera!

አይ!

Szufelka

መትሓዚ ዶሮና

Puszka z farbą

ድስቲ ቀለም

Śruby

ካቺቢተ

Instrumenty muzyczne

መሳርሒ ሙዚቃ

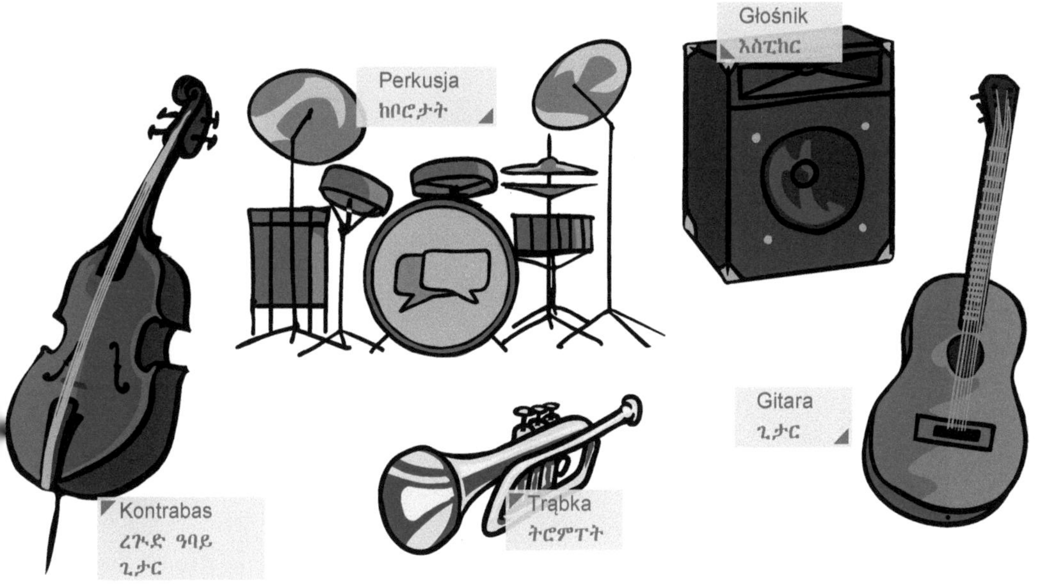

Perkusja
ከበሮታት

Głośnik
እስፒከር

Kontrabas
ረጉድ ዓባይ
ጊታር

Trąbka
ትሮምፐት

Gitara
ጊታር

Pianino

ፒያኖ

Skrzypce

ቪዮሊን

Bas

ባስ ጊታር

Kotły

ቲምፓኒ

Bęben

ከበሮ

Keyboard

ኦርጋን

Saksofon

ሳክሶፎን

Flet

ሻምብቆ

Mikrofon

ሚክሮፎን

Wejście
መእተዊ

Tygrys
ነብር

Klatka
ጎብያ

Zebra
አድጊ በረኻ

Pasza
መግቢ. እንስሳ

Panda
ፓንዳ

Zwierzęta	Słoń	Kangur
እንስሳታት	ሓርማዝ	ካንጋሩ

Nosorożec	Goryl	Niedźwiedź
ሓሪሽ	ጉሪላ	ድቢ.

Wielbłąd

ገመል

Struś

ሰጎን

Lew

አንበሳ

Małpa

ህበይ

Fleming

ፍላሚንጎ

Papuga

ሕንጻይ

Niedźwiedź polarny

ድቢ በረድ

Pingwin

ፐንጒን

Rekin

ክልቢ ዓሳ

Paw

ጣዉስ

Wąż

ተመን

Krokodyl

ሓርገጽ

Dozorca w zoo

ሓላዊ ቤት ገርድሽ

Foka

ዓሳ ዚምገብ እንስሳ ባሕሪ

Jaguar

ጃጓር

Kucyk

ሓጺር ፈረስ

Gepard

ነብሪ

Hipopotam

ጉማረ

Żyrafa

ጇራፍ

Orzeł

ሊላ

Dzik

መፍለስ

Ryba

ዓሳ

Żółw

ጎብየ

Mors

ዋልሩስ

Lis

ወኻርያ

Gazela

ሰስሓ

Futbol amerykański
ናይ አሜሪካ ኩዕሶ እግሪ

Kolarstwo
ምዝዋር ብሽግላ ታ

Tenis
ተኒስ

Koszykówka
ባስከትባል

Pływanie
ም ሕምባስ

Boks
ቦክሲንግ

Hokej na lodzie
ሆኪ በረድ

Piłka nożna

ኩዕሶ እግሪ

Badminton

ባድሚንተን

Lekka atletyka

እስፖርታዊ ንጥፈታት

Piłka ręczna

ኩዕሶ ኢድ

Narciarstwo

ስኪ

Polo

ፖሎ

Działania
ንጥፈታት

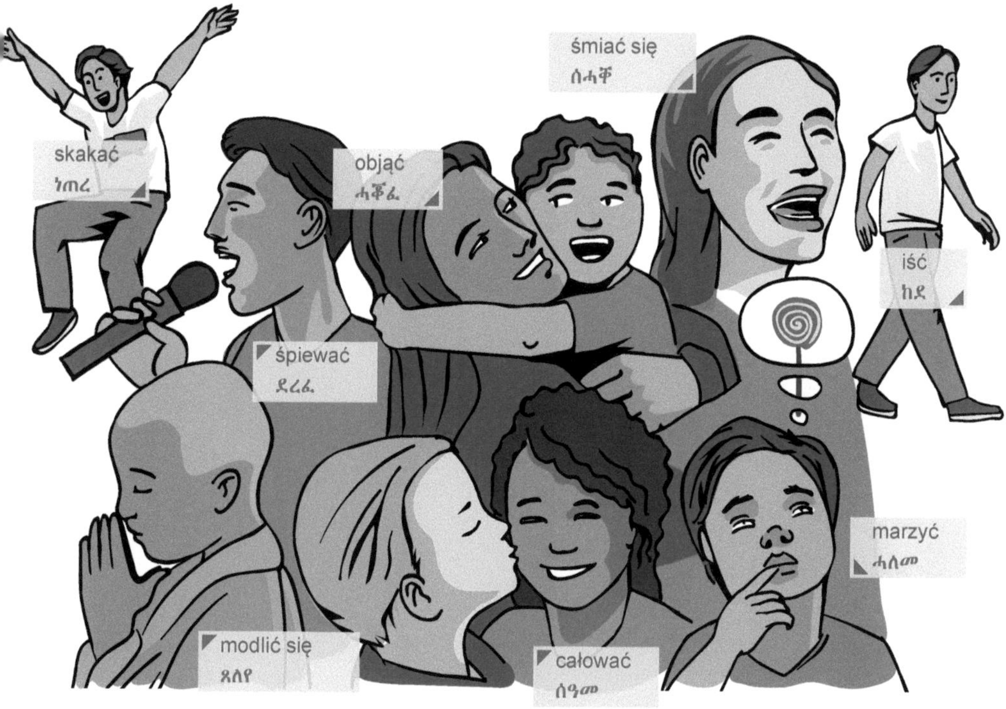

skakać
ነጠረ
objąć
ሓቖፈ
śmiać się
ሰሓቐ
iść
ከደ
śpiewać
ደረፈ
marzyć
ሓለመ
modlić się
ጸለየ
całować
ሰዓመ

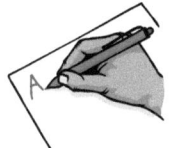

pisać

ጸሓፈ

rysować

ሰኣለ

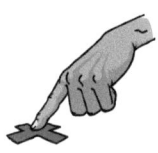

pokazywać

ኣርኣየ

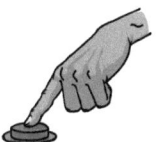

nacisnąć

ደፍአ

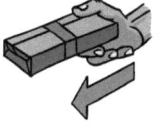

dać

ሃበ

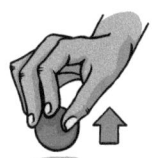

wziąć

ወሰደ

mieć

አለው

robić

ገበረ

być

ኮነ

stać

ጠጠው በለ

biegać

ጎየየ

ciągnąć

ሰሓበ

rzucać

ሰንደወ

spaść

ወደቐ

leżeć

ሓሰወ

czekać

ተጸበየ

nosić

ሰከም

siedzieć

ኮፍ በለ

zakładać

ተኸድነ

spać

ደቀሰ

budzić się

ተስአ

spojrzeć

ረአየ

płakać

በኸየ

głaskać

ብአጻብዑ ደረዘ

czesać się

መሽጠ

mówić

ተዛረበ

rozumieć

ተረድአ

pytać

ሓተተ

słyszeć

ሰምዐ

pić

ሰተየ

jeść

በልዐ

sprzątać

አጽመጠ

kochać

አፍቀረ

gotować

ከሽነ

jechać

ዘወረ

latać

ነፈረ

żeglować

ብመርከብ ገየሸ

liczyć

ደመረ

czytać

አንበበ

uczyć się

ተመሃረ

pracować

ሰርሐ

wejść w związek małżeński

መርዓወ

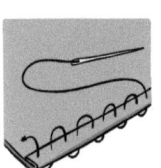

szyć

ሰፈየ

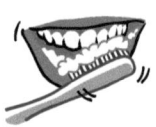

myć zęby

ጽሬት አስናን

zabić

ቀተለ

palić tytoń

ሽጋራ ተከኸ

wysłać

ሰደደ

Rodzina
ስድራቤት

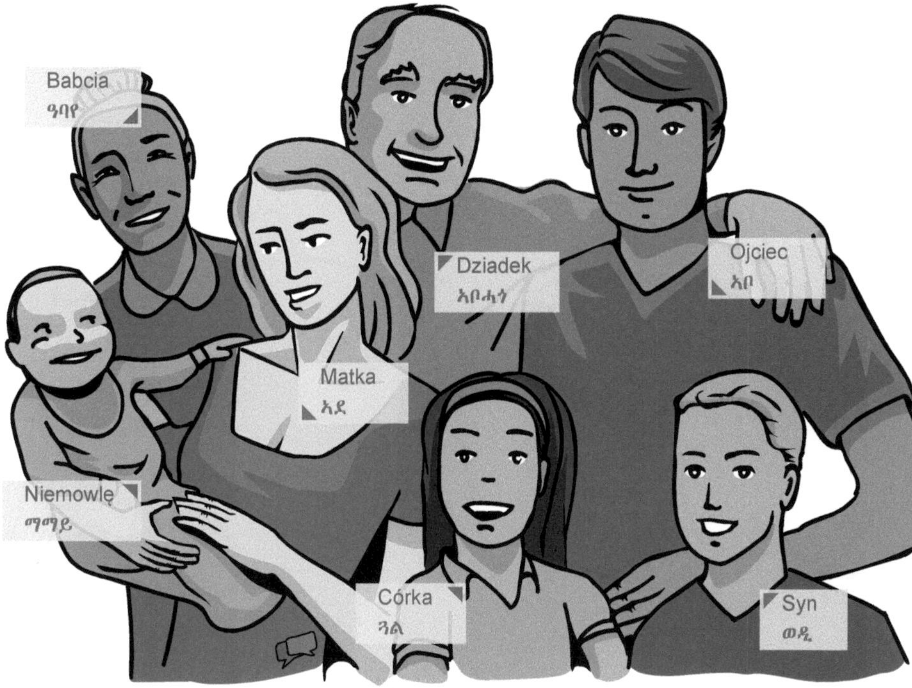

Babcia
ዓባየ
Dziadek
ኣቦሓጎ
Ojciec
ኣቦ
Matka
ኣደ
Niemowlę
ማማይ
Córka
ጓል
Syn
ወዲ

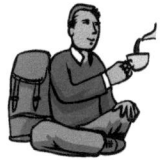

Gość
ጋሻ

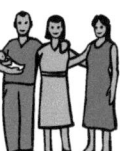

Ciotka
ሓትኖ

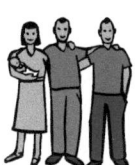

Wujek
ኣኮ

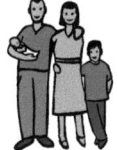

Brat
ሓው

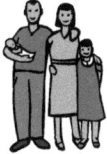

Siostra
ሓፍቲ

Ciało

ኣካላት

Czoło
ግንባር
Oko
ዓይኒ
Twarz
ገጽ
Broda
መንከስ
Pierś
ኣፍ-ልቢ
Palec
ኣጻብዕ
Ręka
ኢድ
Ramię
ምናት
Ramię
መንኩብ
Noga
ሽፋን እግሪ

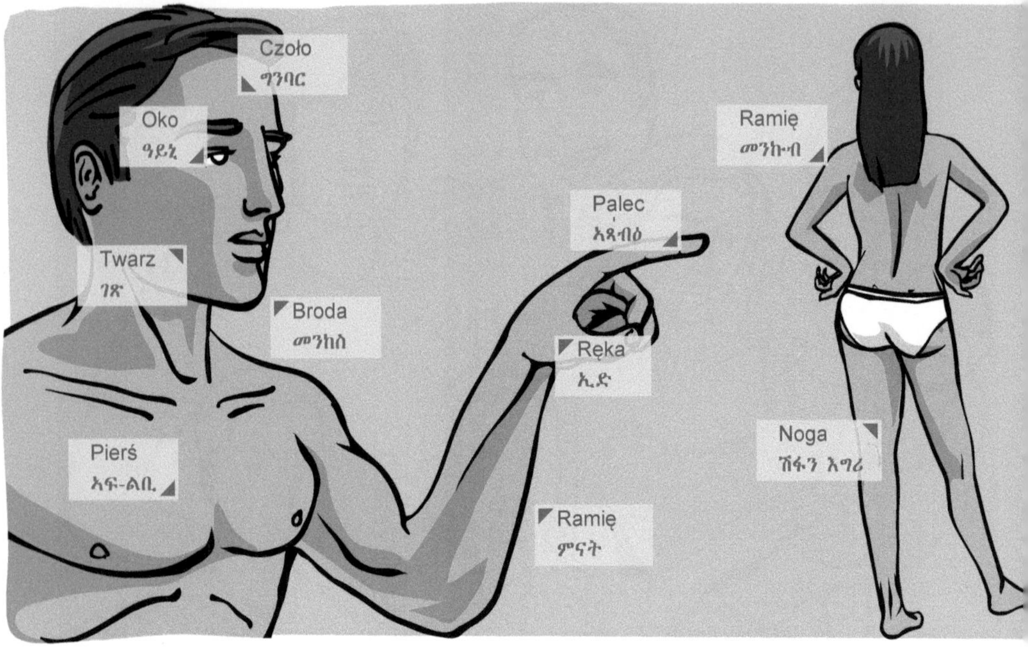

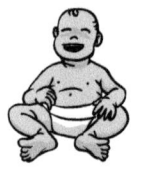

Niemowlę
ማማይ

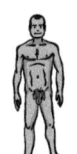

Mężczyzna
ሰብኣይ

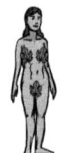

Kobieta
ሰበይቲ

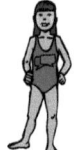

Dziewczyna
ጓል

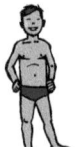

Chłopiec
ወዲ

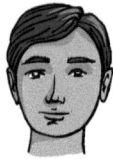

Głowa
ርእሲ

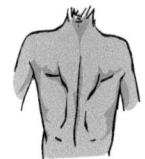

Plecy

ሕቖ

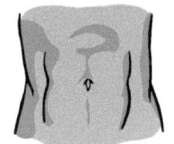

Brzuch

ከስዐ

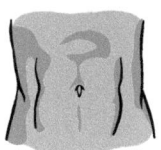

Pępek

ሕምብርቲ

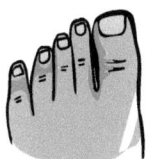

palec nogi

ኣጻብዕ እግሪ

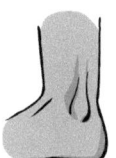

Pięta

ኩርኵረ

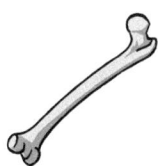

Kość

ዓጽሚ

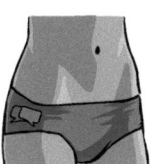

Biodro

ምሕኵልቲ

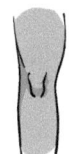

Kolano

ብርኪ

Łokieć

ፍግፍጎ

Nos

ኣፍንጫ

Pośladki

መዓኮር

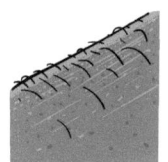

Skóra

ቆርበት

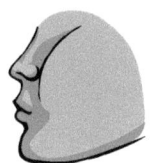

Policzek

ምዕጉርቲ

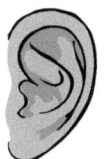

Uszy

እዝኒ

Warga

ከንፈር

Usta

አፍ

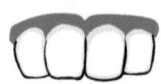

Ząb

ስኒ

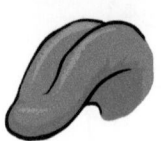

Język

መልሐስ

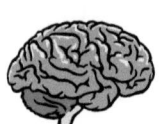

Mózg

ሐንጎል

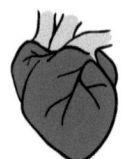

Serce

ልቢ

Mięsień

ጭዋዳ

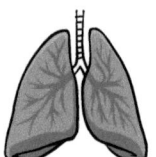

Płuca

ሳንቡእ

Wątroba

ጸላም ከብዲ

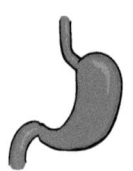

Żołądek

ከብዲ

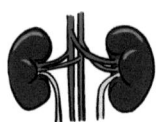

Nerki

ኮሊት

Stosunek płciowy

ግብረ ስጋ

Kondom

ኮንዶም

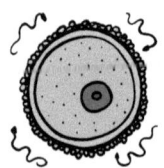

Komórka jajowa

እንቋቑሐ

Sperma

ዘርኢ ተባዕታይ

Ciąża

ጥንሲ

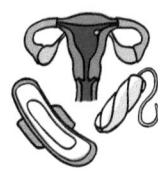

Menstruacja

ጽግያት

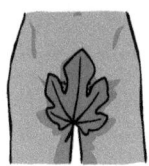

Wagina

ርሕሚ

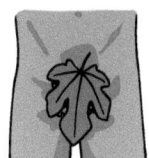

Penis

መትሎ

Brew

ሽፋሽፍቲ

Włosy

ጸግሪ

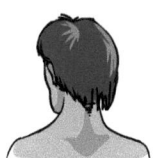

Szyja

ክሳድ

Szpital

ሆስፒታል

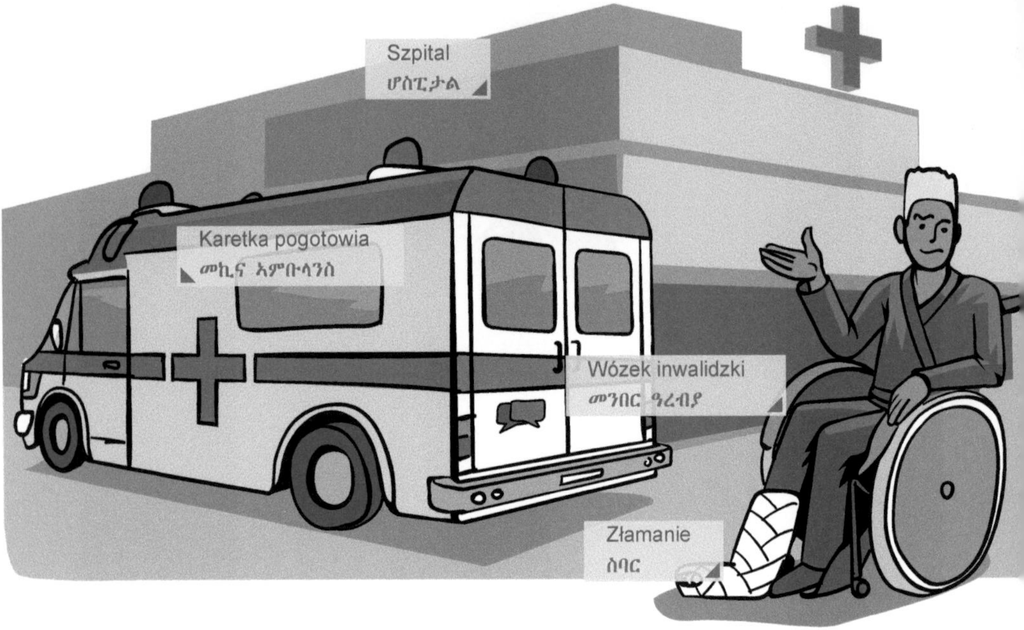

Szpital
ሆስፒታል
Karetka pogotowia
መኪና ኣምቡላንስ
Wózek inwalidzki
መንበር ዓረብያ
Złamanie
ስባር

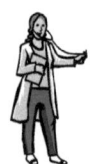

Lekarz

ሓኪም

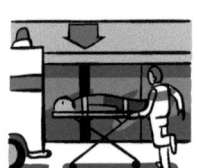

Izba przyjęć

ክፍሊ ህጹጽ ረድኤት

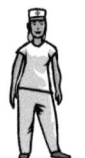

Pielęgniarka

ኣላይት

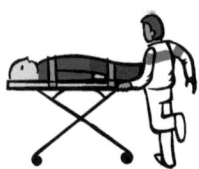

Nagły przypadek

ህጹጽ ኩነት

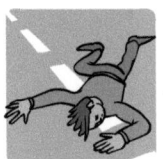

nieprzytomny

ውነኡ ዘጥፍአ

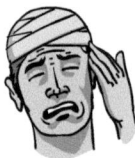

Ból

ቃንዛ

Skaleczenie

ጉድኣት

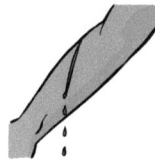

Krwawienie

ደም

Zawał serca

ማህረምቲ

Udar mózgu

ማህረምቲ

Alergia

ኣለርጂ

Kaszleć

ሰዓል

Gorączka

ረስኒ

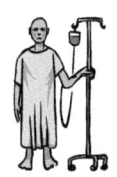

Grypa

ኡንፍልወንዛ

Biegunka

ውጽኣት

Ból głowy

ቃንዛ ርእሲ

Rak

መንሽሮ

Cukrzyca

ሹኮርያ

Chirurg

ሓኪም መጥባሕቲ

Skalpel

መጥብሒ

Operacja

መጥባሕቲ

CT

CT

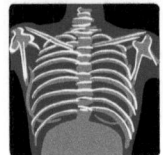

Rentgen

ራጂ

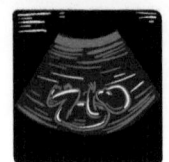

Ultradźwięki

ልዕለ ድምጻዊ

Maska

መሸፈኒ ገጽ

Choroba

ሕማም

Poczekalnia

ክፍሊ ምጽባይ

Kula

ምርኩስ

Plaster

መጅነኒ ቐስሊ

Opatrunek

መጅነኒ

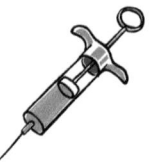

Iniekcja

መርፍዕ ምውጋእ

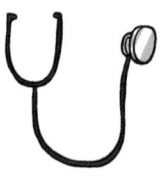

Stetoskop

ስተቶስኮፕ

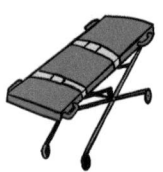

Nosze

መሰከሚ ሕማም

Termometr

ቴርሞመተር

Poród

ትውልዲ

Nadwaga

ልዕለ-ሚዛን

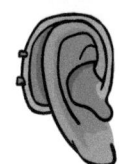

Aparat słuchowy

ሓገዝ ምስማዕ

Środek dezynfekcyjny

ኣንጻሂ

Infekcja

ልበዳ

Wirus

ቫይረስ

HIV / AIDS

ኤድስ

Medycyna

ሕክምና

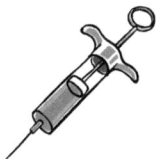

Szczepienie

ክታብ

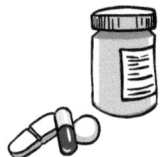

Tabletki

ከኒና

Pigułka

ከኒና

Telefon ratunkowy

ህጹጽ ምድዋል

Ciśnieniomierz krwi

መዕቀኒ ጸቕጢ ደም

chory / zdrowy

ሕሙም / ጥዑይ

Pomocy!

ሓገዝ

Alarm

ኣላርም

Napad

ምህጃም

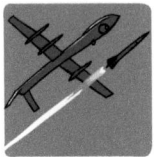

Atak

መጥቃዕቲ

Niebezpieczeństwo

ድንገት

Wyjście awaryjne

ህጹጽ መውጽኢ

Pożar!

ሓዊ!

Gaśnica

መጥፍኢ ሓዊ

Wypadek

ሓደጋ

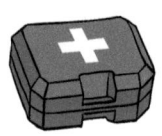

Walizeczka pierwszej pomocy

ሳንጣ ቀዳማይ ረድኤት

SOS

SOS

Policja

ፖሊስ

Europa

ኤውሮጳ

Ameryka Północna

ሰሜን አመሪካ

Ameryka Południowa

ደቡብ አመሪካ

Afryka

አፍሪቃ

Azja

ኤስያ

Australia

አውስትራልያ

Atlantyk

አትላንቲክ

Pacyfik

ፓሲፊክ

Ocean Indyjski

ህንዳዊ ዉቅያኖስ

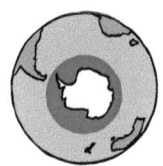

Ocean Antarktyczny

አንታርቲካዊ ዉቅያኖስ

Ocean Arktyczny

አርከቲካዊ ዉቅያኖስ

Biegun północny

ሰሜናዊ ዋልታ

Biegun południowy

ደቡባዊ ዋልታ

Antarktyda

አንታርቲካ

Ziemia

ምድሪ

Kraj

መሬት

Morze

ባሕሪ

Wyspa

ደሴት

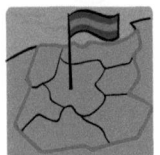

Naród

ሃገር

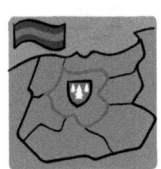

Państwo

ዓዲ

Cyferblat

ገጽ ሰዓት

Wskazówka godzinowa

አመልካቲ ሰዓታት

Wskazówka minutowa

አመልካቲ ደቓይቕ

Wskazówka sekundowa

አመልካቲ ካልኢት

Która godzina?

ሰዓት ክንደይ አሎ?

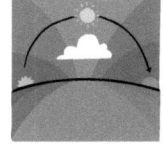

Dzień

መዓልቲ

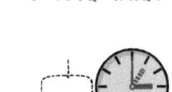

Czas

ግዜ

teraz

ሕጂ

Zegarek digitalny

ዲጊታል ሰዓት

Minuta

ደቒቕ

Godzina

ሰዓት

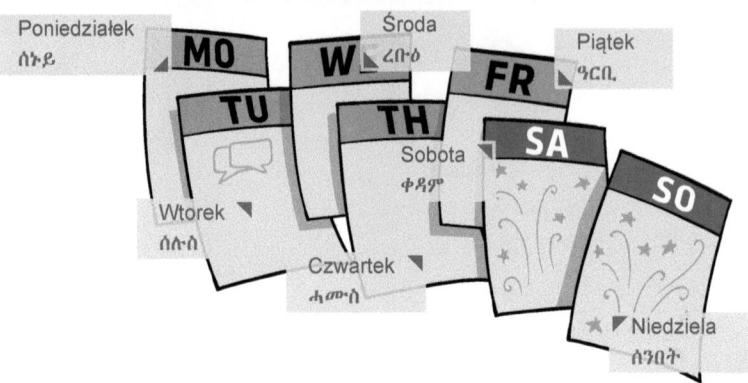

Poniedziałek
ሰኑይ

Środa
ረቡዕ

Piątek
ዓርቢ

Wtorek
ሰሉስ

Sobota
ቀዳም

Czwartek
ሓሙስ

Niedziela
ሰንበት

wczoraj

ትማሊ

dzisiaj

ሎሚ

jutro

ጽባሕ

Rano

ንጉሆ

Południe

ቀትሪ

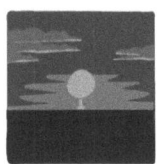

Wieczór

ምሸት

Dni robocze

መዓልታት ስራሕ

Weekend

መወዳእታ ሰሙን

Rok
ዓመት

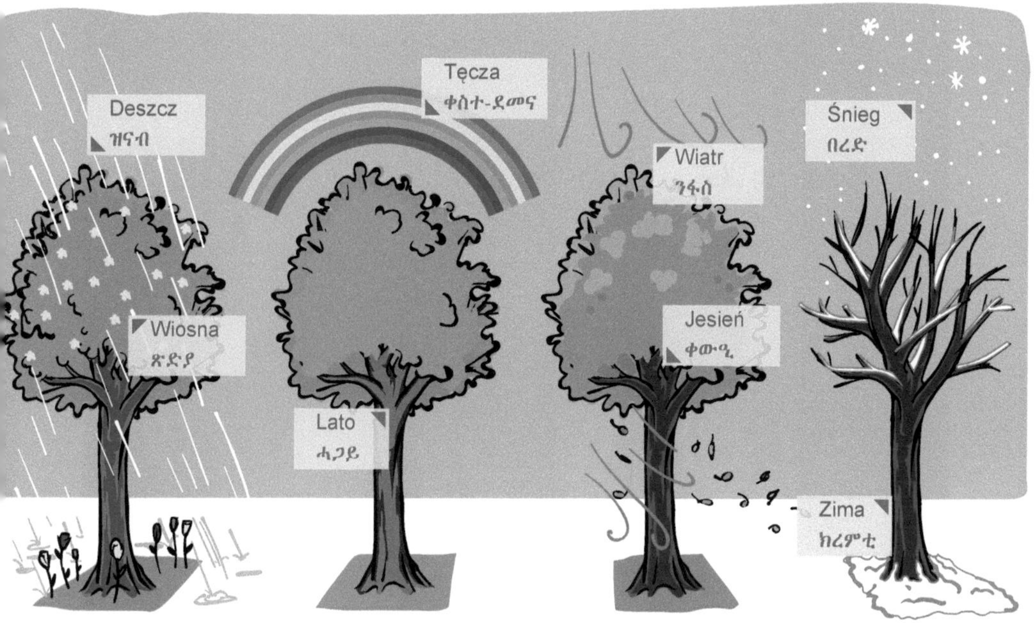
Deszcz
ዝናብ
Tęcza
ቀስተ-ደመና
Wiatr
ንፋስ
Śnieg
በረድ
Wiosna
ጽድያ
Lato
ሓጋይ
Jesień
ቀውዒ
Zima
ክረምቲ

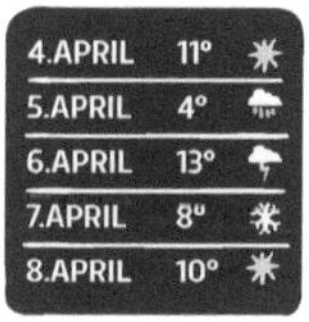
4.APRIL 11°
5.APRIL 4°
6.APRIL 13°
7.APRIL 8°
8.APRIL 10°

Prognoza pogody
ትንቢት ኩነታት ኣየር

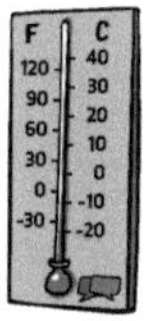
F C
120 40
90 30
60 20
30 10
0 0
-30 -10
-20

Termometr
ቴርሞመተር

Światło słoneczne
ብርሃን ጸሓይ

Chmura
ደበና

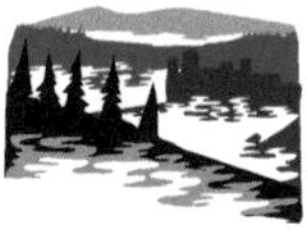

Mgła
ግመ

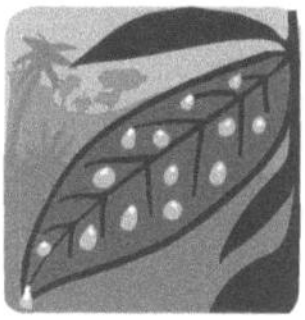

Wilgotność powietrza
ጠሊ

Błyskawica

ብርቂ

Grzmot

ነጉዳ

Sztorm

ህቦብላ

Grad

በረድ

Monsun

ብርቱዕ ህቦብላ

Potop

ውሕጅ

Lód

በረድ

Styczeń

ጥሪ

Luty

ለካቲት

Marzec

መጋቢት

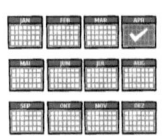

Kwiecień

ሚያዝያ

Maj

ጉንቦት

Czerwiec

ሰነ

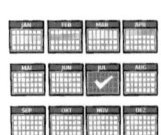

Lipiec

ሓምለ

Sierpień

ነሓሰ

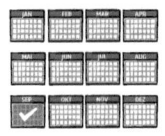

Wrzesień
....
መስከረም

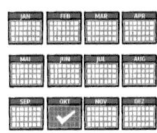

Październik
....
ጥቅምቲ

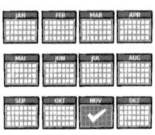

Listopad
....
ሕዳር

Grudzień
....
ታሕሳስ

Koło
....
ዙርያ

Kwadrat
....
ትርብዒት

Prostokąt
....
ቅኑዕ ርቡዕ ኵርናዕ

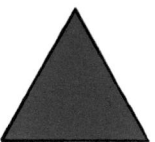

Trójkąt
....
ስሉስ ኵርናዕ

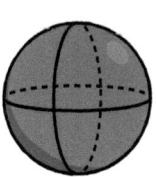

Kula
....
ክቢ

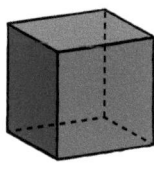

Sześcian
....
ኩቦ

biały

ጸዕዳ

żółty

ብጫ

pomarańczowy

አራንሺ

różowy

ሮንክ

czerwony

ቀይሕ

liliowy

ጁኽ

niebieski

ሰማያዊ

zielony

ቀጠልያ

brązowy

ቡናዊ

szary

ሓሙኽሽታይ

czarny

ጸሊም

dużo / mało

ብዙሕ / ውሑድ

wściekły / spokojny

ሕሩቕ / ሰላማዊ

piękny / brzydki

ጽቡቕ / ክፉእ

początek / koniec

መጀመርያ / መወዳእታ

duży / mały

ዓቢ / ንእሽቶ

jasny / ciemny

ብሩህ / ጸልማት

brat / siostra

ሓው / ሓፍት

czysty / brudny

ጽሩይ / ርሳሕ

kompletny / niekompletny

ምሉእ / ዘይምሉእ

dzień / noc

መዓልቲ / ለይቲ

umarły / żywy

ሙዉት / ህልው

szeroki / wąski

ሰፊሕ / ጸቢብ

jadalny / niejadalny

ደስ ዘበል / ደስ ዘይብል

zły / uprzejmy

እኩይ / ህያዋይ

podniecony / znudzony

ርቡጽ / ስልኩይ

gruby / chudy

ረጊድ / ቀጢን

najpierw / na końcu

ቀዳማይ / ናይ መወዳእታ

przyjaciel / wróg

ዓርኪ / ጸላኢ

pełen / pusty

ምሉእ / ባዶ

twardy / miękki

ተሪር / ልስሉስ

ciężki / lekki

ከቢድ / ፈኵስ

głód / pragnienie

ጥምየት / ጽምየት

chory / zdrowy

ሕሙም / ጥዑይ

nielegalny / legalny

ዘይሕጋዊ / ሕጋዊ

inteligentny / głupi

መስተውዓሊ / ስዲ

lewo / prawo

ጸጋም / የማን

bliski / daleki

ቐረባ / ርሑቕ

x

nowy / używany

ሓዲሽ / ብሉይ

nic / coś

ዋላ ሓደ / ገለ

stary / młody

ዓቢ./ኣረጊት / መንእሰይ

włącz / wyłącz

ወልዕ / ኣጥፍእ

otwarty / zamknięty

ክፉት / ዕጹው

cichy / głośny

ህዱእ / ዓው

bogaty / biedny

ሃብታም / ድኻ

prawidłowy / błędny

ቅኑዕ / ግጉይ

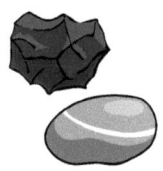

chropowaty / gładki

ሓርፋፍ / ልሙጽ

smutny / szczęśliwy

ጉሁይ / ሕጉስ

krótki / długi

ሓጺር / ነዊሕ

powolny / szybki

ቀስ / ቅልጡፍ

mokry/suchy

ጥሉል / ንቑጽ

ciepły / chłodny

ምዉቕ / ዝሑል

wojna / pokój

ውግእ / ሰላም

0

zero

ዜሮ

1

jeden

ሓደ

2

dwa

ክልተ

3

trzy

ሰለስተ

4

cztery

ኣርባዕተ

5

pięć

ሓሙሽተ

6

sześć

ሽዱሽተ

7

siedem

ሸውዓተ

8

osiem

ሸሞንተ

9

dziewięć

ትሽዓተ

10

dziesięć

ዓሰርተ

11

jedenaście

ዓሰርተ ሓደ

12

dwanaście

ዓሰርተ ክልተ

13

trzynaście

ዓሰርተ ሰለስተ

14

czternaście

ዓሰርተ ኣርባዕተ

15

piętnaście

ዓሰርተ ሓሙሽተ

16

szesnaście

ዓሰርተ ሽዱሽተ

17

siedemnaście

ዓሰርተ ሽውዓተ

18

osiemnaście

ዓሰርተ ሽሞንተ

19

dziewiętnaście

ዓሰርተ ትሽዓተ

20

dwadzieścia

ዕስራ

100

sto

ሚእቲ

1.000

tysiąc

ሽሕ

1.000.000

milion

ሚልዮን

Angielski

እንግሊዝኛ

Angielski amerykański

አመሪካዊ እንግሊዛዊ

Chiński mandaryński

ቻይናዊ ማንዳሪን

Hindi

ሂንዳዊ

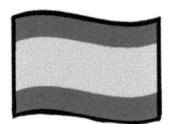

Hiszpański

እስጳኛዊ

Francuski

ፈረንሳዊ

Arabski

ዓረባዊ

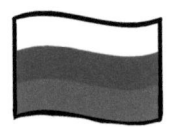

Rosyjski

ሩሲያዊ

Portugalski

ፖርቱጋላዊ

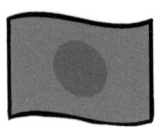

Bengalski

በንጋሊ

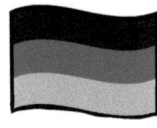

Niemiecki

ጀርመናዊ

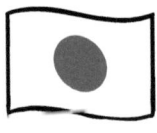

Japoński

ጃፓናዊ

ja

አነ

ty

ንስኻ/ኺ

on / ona / ono

ንሱ / ንሳ / ንሱ

my

ንሕና

wy

ንስኻ

oni

ንሳቶም

kto?

መን?

co?

እንታይ?

jak?

ከመይ?

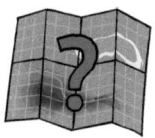

gdzie?

አበይ?

kiedy?

መዓስ?

Nazwisko

ሽም

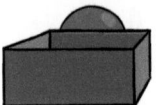

za
....
ድሕሪ

w
....
አብ

przed
....
አብ ቅድሚ

powyżej
....
አብ ላዕሊ

na
....
አብ ልዕሊ

pod
....
ትሕቲ ምድሪ

obok
....
አብ ጥቓ

między
....
አብ መንጎ

Miejsce
....
ቦታ